Ohweia! – Wenn Werbe- und Kleinanzeigen
nicht so wirklich gut ankommen.
Satire und ganz, ganz schwarzer Humor

Von Marc Wünderling

AF190903

© 2023 Marc Wünderling
Herstellung und Verlag:
BoD – Books on Demand,
Norderstedt
ISBN: 9783758303623

Ohweia! – Wenn Werbe- und Kleinanzeigen nicht so wirklich gut ankommen.

Satire und ganz, ganz schwarzer Humor

Von
Marc Wünderling

Inhalt

Ist vorhanden. Jede Menge sogar!

Es wurden aber nur die paar wenigen
Buchstaben aus dem Alphabet verwendet.
Jedoch wurden diese ständig neu sortiert
und zusammengefügt.

Achtung - Warnhinweis:
Wer sich an dem rabenschwarzen Humor
stört, der soll das Buch bitte an eine
humorbegabte Person in seinem Umfeld
weitergeben.

Vorwort

In diesem Machwerk, auch von einigen Enthusiasten als Buch, Meisterwerk oder – Heiliger Gral – bezeichnet, werden fiktive Werbeanzeigen von fiktiven Firmen, Organisationen oder Ähnlichem illustriert. Die Texte sollen niemanden persönlich beleidigen. Sollte dies doch passiert sein, so bitte ich um Entschuldigung, dass Sie auf dieses Buch aufmerksam geworden sind und es gekauft haben. Damit konnte ich natürlich nicht rechnen, nachdem Sie sicherlich die Leseprobe genossen haben.

Der anstößige Humor, der hier offen zelebriert wird, ist vollständig politisch unkorrekt. Auch hierfür möchte ich mich offen und ehrlich entschuldigen und kann Ihnen sagen, dass ich mir mit Besserung schwer tu. Sollte jemand hier Zweideutigkeiten in irgendeiner Form sexistisch interpretieren, so liegt das natürlich nur an der schmutzigen Fantasie des Lesers. Der Papst wäre nämlich stolz auf meine Unbeflecktheit!

Da ich selber einer Minderheit (männlich, mit durchschnittlicher Bildung, offensichtlichem Realitätsverlust und Größenwahn) angehöre, sehe ich es nicht als Aneignung von fremder Kultur an, wenn ich über Gleichgesinnt*innen

(von mir aus auch mit : oder _ geschrieben)
schreibe.

Im Entwurfsstadium dieser Schriften habe ich
nach Rücksprache mit meiner Frau versucht die
widerlichsten Werbeanzeigen herauszufiltern
und nicht mit aufzunehmen. Sollte also doch
noch irgendeine Anzeige nicht Ihrem
Geschmack entsprechen, dann bitte Schande
über meine Frau.

Nun muss ich das Vorwort beenden, da meine
Frau diese Zeilen ebenfalls liest und ich nun
ganz, ganz schnell laufen muss…

Herzlichst
(nach Diktat sehr weit verreist…)

Zunächst

erstmal

eine

Leseprobe

Beim Augenarzt:

9

X Y

R T L

C 3 P O

0 O 0 o O 0

. . . . . .

Spickzettel für den Augenarzt:

Neun

Icks Üpsilon

Er Tee Ell

Zeh Drei Peh Oh

Null Oh (groß) Null oh (klein) Oh (groß) Null

6 x Punkt – *Ätsch! Patient verarscht!*

Fischladen zur fröhlichen Forelle

Zum 50-jährigen Jubiläum des Fischladens „Zur fröhlichen Forelle" führte die Fachzeitung >Fischen und Angeln< ein exklusives Interview mit dem Besitzer, Herrn Albert Tross.

Fischen und Angeln: Herr Tross, Sie fahren jetzt seit 50 Jahren jeden Tag mit Ihrem Boot hinaus, um Fische für Ihren Fischladen zu fangen. Wie ist das so?

Albert Tross: Ja, gut.

Fischen und Angeln: Sind Sie zufrieden mit Ihren Fangergebnissen?

Albert Tross: Ja, zufrieden.

Fischen und Angeln: Werden Sie auch weiterhin fischen?

Albert Tross: Nein, kein Bock.

Fischen und Angeln: Vielen Dank Herr Tross für das ausführliche Interview. Vielleicht will uns Ihre Frau noch etwas erzählen. Frau Alberta Tross. Wie ist es mit einem Fischer über 50 Jahre hinweg verheiratet zu sein und den Fischladen zu führen?

Alberta Tross: Naja, sehr schweigsam.

Fischen und Angeln: Wenn ihr Mann nun nicht mehr fischen will, woher bekommen Sie dann die Ware für Ihren Laden?

Alberta Tross: Wir kaufen nun dazu.

Fischen und Angeln: Welche Fischarten werden denn dann in Zukunft bei Ihnen angeboten?

Alberta Tross: Wir gehen auf Seelachs. Derzeit ist es noch schwierig die Panade abzukratzen und die Gräten wieder einzufügen. Blöde Fischstäbchen! Aber wir sind optimistisch, dass wir bald wieder ganze Fische verkaufen können.

Fischen und Angeln: Das sind ja gute Neuigkeiten. Werden Sie auch weiterhin geräucherten Fisch anbieten?

Alberta Tross: Nein, immer wenn wir räuchern steht die Feuerwehr vor der Tür wegen der Rauchsäule.

Fischen und Angeln: Weiß die Feuerwehr denn nicht inzwischen Bescheid, dass es bei Ihnen nicht brennt, sondern nur die Fische geräuchert werden?

Alberta Tross: Doch schon, aber mein Mann setzt sich dann immer zu denen und trinkt sein Frühschoppen-Bier.

Fischen und Angeln: Eine abschließende Frage noch: Was werden Sie in Zukunft tun, wenn Sie mehr Zeit füreinander haben, da Ihr Mann nicht mehr zum Fischen fährt?

Alberta Tross: Wir haben uns vorgenommen mehr miteinander zu reden.

Fischen und Angeln: Vielen Dank für das Interview.

Metzgerei Fleischlust

Porki möchte auch dein Schnitzel sein!

Diese Woche im Angebot:
Runder Rollbraten – Bratbare Bratwurst – Gelbe Gelbwurst – Lyoner aus Frankreich – Salami in Scheiben und Leberwurst light (ohne Leber) Grünzeug für Veganer → Esst mehr Fleisch!

Ökologischer Kanuverleih

Kanuverleih Preise* – 1 Std. für 25 Euro – 2 Std. für 40 Euro – 1 Tag für nur 75 Euro

Kanus zu 100% ökologisch abgebaut innerhalb von 25 Minuten nach Wasserkontakt
Belastbar bis zu 25 kg (in der Schiffsmitte)
Vermietung nur an gute Schwimmer

*Kaution 50 Euro pro Person

Reisebüro Nixwieweg

Aktuelle Angebote:

Rio de Janeiro – günstiger und authentischer Abenteueraufenthalt in einer Favela Ihrer Wahl. Citynah mit hoher Wahrscheinlichkeit eines Feuerwerks in Ihrer Nähe. Lernen Sie Land und Leute kennen und probieren Sie die Spezialitäten vor Ort. Feinstes Gras oder Schnee wird Ihnen direkt an die Haustüre geliefert.

Texas - Original „Shoot ´em down" Vorführung in benachbarten Schulen, Kinos oder Einkaufszentren durch lokale Künstler. Erleben Sie Hinrichtungen wie bei uns im Mittelalter. Hillbilly Greenhorn wird Ihnen Texanische Austern servieren während er Ihnen das Rodeo näher bringt. Nehmen Sie an einer

Ölprobe teil oder stellen Sie sich bei der Klapperschlange hinten an.

Russland – Kamtschatka Rundreise - Mit der lokalen Nevercomeback-Airline. Auf Nachfrage im Sparpaket auch Stehplätze im Flugzeug verfügbar. Lernen Sie die Improvisationstalente der örtlichen Bevölkerung und Flugbesatzungen direkt vor Ort kennen. Historische Technik live erleben!

Japan - Rundreise – Spüren Sie die Kraft der Natur und erleben Sie aufwendige Naturschauspiele wie Taifune, Erdbeben oder Vulkanausbrüche. Tsunamis bringen leckere Meeresfrüchte direkt auf Ihr Zimmer. Nehmen Sie das Strahlen der Eingeborenen im Raum Fukushima wahr.

Thailand – Unser Senioren Spezial. Weibliche Nachwuchsreiseleitung. Tripper inklusive. Lernen Sie nette, pflichtbewusste junge wirtschaftlich denkende Frauen kennen mit der Option auf Heirat.

Afghanistan – Modische Folklore. Kopfbedeckungen für Männer und Frauen. Sehr gastfreundlicher Empfang am Flughafen insbesondere für Mitglieder der LGBTQ-Bewegung. Aktuelle Waffenkunde durch erprobte Reiseleiter.

Alle unsere Angebote aus verständlichen Gründen nur mit Vorkasse buchbar. Fragen Sie uns nach Gruppenrabatten!

Zaunbauteam Ost-Berlin

(ehem. Kombinat „Zaun hoch!")

Erst die Mauer, dann der Zaun. Das Zaunbauteam hat sich weiterentwickelt.

Noch in der DDR-Zeit als Kombinat „Zaun hoch!" gegründet, war es als nicht unwesentlicher Lieferant von Fertigbetonteilen auch für die damalige Umrandung von Ost-Berlin zuständig. Doch je mehr die Zeit verging, spezialisierte sich das Kombinat auf den Bau von Zäunen. Die DDR war auch groß genug, um einen Zaun ringsherum zu errichten.

Nach dem das Zaunbauteam Ost-Berlin nun auf über 60-jährige Erfahrung zurückblicken kann, möchte es nun auch die Markführerschaft in den Westdeutschen Gebieten übernehmen. Hierfür wurde eine ganz besondere Innovation entwickelt. Der erste Maschendrahtzaun mit aufsprühbarem

Graffiti soll in Berdum (Ostfriesland) entstehen. Die örtliche Dorfjugend fühlt sich nun jedoch über eine Fläche für das Ausleben der kreativen Kunst beraubt. Alle drei Jugendlichen müssen nun für etwaige Sprühtätigkeiten den Bus in die nächste Ortschaft nehmen. Ob dies schlimm sei, wurde jedoch verneint, da bisher noch keiner der drei Jugendlichen jemals ein Graffiti gesprayt hatte.

Eine weitere Innovation soll der holzfreie Jägerzaun werden. Jedoch gibt es über die angemessene Materialwahl noch Unstimmigkeiten im Betriebsrat. Bisher wurden solche Zäune ausschließlich aus Holz gebaut und aus ökologischer Sicht soll auf Kunststoffe weitestgehend auch in Zukunft verzichtet werden. Ein Jägerzaun aus erlegten Jägern steht nicht zur Debatte mangels Freiwilliger.

Ob der Sprung nach Westdeutschland gelingt, ist jedoch wirtschaftlich nicht ganz so wichtig, da derzeit in Osteuropa ein erhöhter Bedarf an Abgrenzungen besteht und die Fa. Zaunbauteam Ost-Berlin mit mehreren Regierungen in Verhandlungen steht. Interessant soll der Doppelzaun werden, der zwischen Polen und Belarus mit einem Abstand von 10 cm entsteht.

Modehaus
di Ficchiano

Das Modehaus von Herrn Adriano di Ficchiano hat sich in der Innenstadt zwar seit Jahren etabliert, jedoch muss auch Herr di Ficchiano immer mehr mit dem Schwund der Kundschaft kämpfen.

„Seit es im Internet gute Mode für jedermann ganz einfach zu kaufen gibt, ist es für uns immer schwerer geworden unsere Kollektionen zu verkaufen", so Herr di Ficchiano.

Das Modehaus di Ficchiano hat sich darauf spezialisiert eine außergewöhnliche Art der Mode zu vertreiben. In einer Zusammenarbeit mit dem DrK (Deutsche reduzierte Kleidung GmbH) bietet Herr di Ficchiano gesammelte Waren zu Neupreisen an. Seit Jahren gehen aber seine Verkaufszahlen zurück. Hierzu Herr di Ficchiano:

„Erst hat eine Straße weiter ein Second-Hand-Laden aufgemacht und verkauft dort ungeniert gebrauchte Bekleidung und dann gibt es auch noch im Internet diverse Verkaufsbörsen. Meine Preise sind aber nicht zu teuer, finde ich. In anderen Modehäusern und Boutiquen werden vergleichbare Preise ausgerufen"

Das DrK möchte gerne weiter an der Geschäftsbeziehung festhalten, da es durch das Modehaus di Ficchiano eine direkte Verbindung zu der Kundschaft vor Ort aufnehmen konnte. Der Vorstandsvorsitzende des DrK teilte mit, dass er zwar in Verbindung zu anderen Verwertungseinrichtungen und auch Hilfsorganisationen steht, jedoch die Gewinnspanne mit dem Modehaus di Fcchiano den Cash-Flow am meisten steigert. Auf Sicht gesehen, würde aber ein Vertrieb der Ware auch über andere Kanäle in Betracht gezogen.

Kleinanzeigen:

Nachwuchsmodellbahner (69 Jahre) sucht Gleichgesinnte. Hörgerät und dicke Brille vorhanden. Möchte die Weichen für mein Leben stellen.

Rohrreinigung Rohrfrei

Wenn´s Ihnen stinkt rufen Sie uns an!

Unser mittelständiger Betrieb arbeitet nun schon seit Jahren im Scheiß. Grundsätzlich räumen wir Ihnen den ganzen Dreck aus dem Haus und hinterlassen nur noch den restlichen Gestank.

Unsere Mitarbeiter versuchen durch intensives Rauchen von Zigaretten den Gestank von Ihren Fäkalienresten zu übertünchen. Die Stummel dürfen Sie aber dann selber von Ihrem Wohnzimmerteppich kratzen.

Mission Rohrfrei ist unser Motto (der gleichnamige Film ist besser). Wir versuchen erst mit einer Spirale den Dreck aus dem Rohr zu bekommen. Danach werden wir mit Druck noch Wasser in das Rohr pumpen, bis Sie den Schlamm in Ihrer Wohnung schwimmen haben. Bei diesen Methoden besteht die Gefahr, dass auch die Rohre platzen könnten. Wir kontrollieren das aber mit unserem Kamerasystem. Sollte ein Rohr geplatzt sein, so war das natürlich vorher schon und Ihr Sanitärfachmann wird das auch bestätigen (ist mein Schwager).

TOFU GmbH & Co. KG

- Bekommen Sie auch kein Schnitzel hin?
- Brennt Ihr Würstchen immer an?
- Ist Ihr Steak eine Schuhsohle?

Tofu gelingt immer und schmeckt am besten mit ausgewählten Glutamaten.

Ganz neu: Soja aus frischen Plantagen im Amazonasgebiet. Für uns wird der wilde Baumbestand durch geordnete Sojapflanzen ersetzt, denn auch Soja ist grün.

Waffenhandel
Peer Werser
Immer wieder seit 1989

Durch die härteren Waffengesetze in Europa hat der Waffenhandel einen vergleichsweisen schweren Stand gegenüber den amerikanischen Kollegen. Um dem entgegen zu wirken, müssen sich die Händler hierzulande immer wieder etwas Neues einfallen lassen.

NRA Europe: Herr Werser, leider ist es in Europa schwierig bereits in der Schule mit Veranstaltungen den ABC-Schützen Schnellfeuergewehre zu zeigen. Wie versuchen Sie neue Kunden zu gewinnen?

Peer Werser: Nachdem derzeit in Zentraleuropa keine offenen Kriegshandlungen stattfinden, haben wir in Richtung Osten versucht einen Online-Handel für den nötigsten Bedarf aufzubauen. Jedoch ist es immer schwieriger geworden von den NATO-Partnern Nachschub zu bekommen. Inzwischen weichen wir immer mehr Richtung Asien aus, da im Norden der Koreanischen Halbinsel weiterhin noch Waffen entwickelt werden und wir versuchen die Restbestände aufzukaufen.

NRA Europe: Wie reagieren Sie auf die Gewalt im Nahen Osten?

Peer Werser: Der Nahe Osten, insbesondere Syrien und Afghanistan, sind für uns praktisch zur Haupterwerbsquelle geworden. Nachdem dort Terrororganisationen immer wieder versuchen die Macht zu übernehmen, können wir dort auch Second Hand Ware verkaufen. Neulich haben wir erst einen gebrauchten Sprengstoffgürtel mit nur einem Vorbesitzer und leichten Gebrauchsspuren an eine Gruppe junger Vorschulkinder übergeben können. Wir versuchen so die Vorbehalte vor unserem Geschäft zu nehmen.

NRA Europe: Wenn Sie so viele Waffen exportieren, wie wird denn das von Ihrer Regierung gesehen?

Peer Werser: Meiner Frau? Welche von denen?

NRA Europe: Nein, wir meinen die staatlichen Ausfuhrbehörden.

Peer Werser: Ach so. Das ist immer eine Frage der Offenheit der zuständigen Mitarbeiter. Gerne bieten wir in diesem Zusammenhang auch Reisen zu den Übergaben der Ware an, um zu zeigen, dass wir keine Soldaten unterstützen, sondern vorwiegend Kindern neue Spielgeräte beschaffen.

NRA Europe: Sie wollen also bei den Kleinsten gleich Vertrauen wecken, damit sie später weiterhin Ihre Kunden bleiben?

Peer Werser: Ja, das ist richtig. Leider bekommen wir immer wieder Nachricht, dass unsere Kunden das Erwachsenenalter nicht erreicht haben. Wahrscheinlich liegt das an der medizinischen Versorgung vor Ort. Dort sollte mal die Entwicklungshilfe greifen.

NRA Europe: Wie können Sie denn Ihre jungen Kunden begeistern?

Peer Werser: Wir haben ganz aktuell ein russisches Standard-Maschinengewehr im Angebot, welches wir mit lustigen Farben und Stickern anbieten.

NRA Europe: Sehr geehrter Herr Peer Werser, wir danken Ihnen für das Gespräch und müssen leider an dieser Stelle abbrechen, da bereits weitere Kunden vor Ihrer Türe mit Sturmmasken und Panzerfahrzeugen warten.

Peer Werser: Ja, das ist leider immer wieder schlimm, wenn der Staatsschutz vor der Türe steht und ich wiedermal mein Geschäft ins Gefängnis verlagern muss.

Kleinanzeigen:

Ehemaliger Fußballspieler – Kopfballungeheuer der Kreisliga B sucht Sie. Verstand und Intelligenz wird erwartet aber nicht geboten. Bitte nur Bildzuschriften zum Einkleben ins Panini-Album.

Für meine Hochzeit gesucht:
Partner:innen (m / w / d)

Sprachschule Franz Mann bringt auch dir Französisch näher. Unser versierter Mitarbeiter Herr Frank Reich wird den Stoff mit dir vertiefen.

Nimm 2 zahl 1
Ab dem 3. Sarg
30% Rabatt

Bestattungsinstitut Wurmloch

Bestatter News Aktuell: Frau Ellen Lang-Wurmloch, Sie haben sich mit Ihrer neuen Marketing-Kampagne deutlich von der Bestatterbranche abgesetzt.

Lang-Wurmloch: Es war unser Ziel einen neuen Kundenkreis anzusprechen und ich denke, unserem Team ist das wunderbar gelungen. Wir möchten den Hinterbliebenen in den dunkelsten Stunden entgegenkommen und sie finanziell entlasten.

Bestatter News Aktuell: Wie werden Sie versuchen neue Kunden zu akquirieren?

Lang-Wurmloch: Wir möchten unsere Marke sexy machen und besonders auch junge Menschen für unser Produkt begeistern.

Bestatter News Aktuell: Was haben Sie für weitere Ideen?

Lang-Wurmloch: Wir möchten in Zukunft auch Särge zum Selbstausbau für Heimwerker anbieten.

Bestatter News Aktuell: In Kürze ist wieder die Wahl zum Bestatter des Jahres. Werden Sie an der Wahl teilnehmen?

Lang-Wurmloch: Mein Ziel ist nicht die Bestatterin des Jahres zu werden. Da würde sich mein Lehrmeister wohl im Grabe umdrehen. Aber ich rechne mir gewisse Chancen aus, da die Branche eher mit Samt ausgelegt ist.

Bestatter News Aktuell: Frau Ellen Lang-Wurmloch, wir danken Ihnen für dieses erweckende Gespräch.

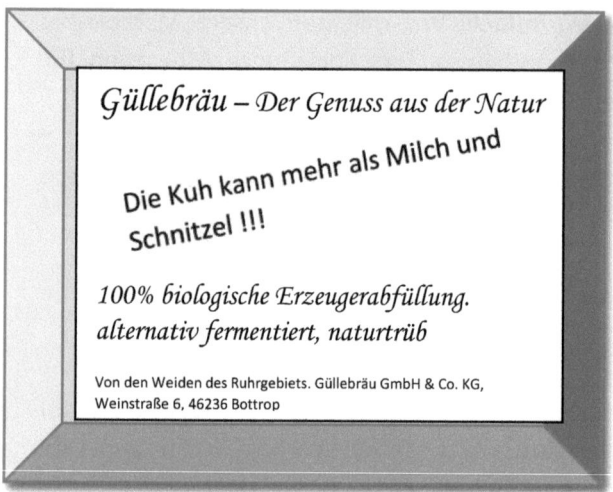

Güllebräu – Der Genuss aus der Natur

Die Kuh kann mehr als Milch und Schnitzel !!!

100% biologische Erzeugerabfüllung.
alternativ fermentiert, naturtrüb

Von den Weiden des Ruhrgebiets. Güllebräu GmbH & Co. KG,
Weinstraße 6, 46236 Bottrop

Bottroper Tagblatt: Herr Steiner, Sie führen die Brauerei nun in 5. Generation. Wie kamen Sie auf die Idee der Eigenmarke Güllebräu?

Gerold Steiner: Wissen Sie, der Biermarkt ist recht unübersichtlich geworden. Es ist zum Weinen, wie lieblos heutzutage die Jugend mit dem Reinheitsgebot umgeht. Um dem entgegen zu wirken haben wir versucht eine neue Nische zu finden.

Bottroper Tagblatt: Sind Sie aus diesem Grund auf die Kuh gekommen?

Gerold Steiner: Nein, meine Frau reitet gerne und wir wollten erst Äppelwein produzieren, aber stellten fest, dass das für eine Brauerei nicht ganz einfach ist.

Bottroper Tagblatt: Wie kommt Ihr neues Produkt bei der Kundschaft an?

Gerold Steiner: Zu erst war die Skepsis noch zu spüren, jedoch springt gerade die weibliche Kundschaft auf die Farbe unseres Getränks an. Besonders in Wintermonaten verleiht die angenehme Bräune ein gewisses Gefühl von Sommer.

Bottroper Tagblatt: Wir konnten in Erfahrung bringen, dass Sie noch ein paar kleinere Probleme mit den Aromastoffen haben. Es wurde dreist behauptet, dass Ihr Gebräu stinken würde.

Gerold Steiner: Das ist alles nur der Neid der Konkurrenz. Hier bei uns trinkt man immer ein Schnapps – ein Bier. Da wird der angebliche Geruch unseres Güllebräus nebensächlich. Außerdem erinnern wir gerne an die grünen Weiden unserer bäuerlichen Betriebe in der Region.

Bottroper Tagblatt: Wir haben gehört, Sie planen demnächst ein weiteres Getränk zu vermarkten.

Gerold Steiner: Das ist richtig. Es soll eine gelbflüssige Limonade werden, die ebenfalls auf rein biologischer Basis direkt erzeugt werden soll. Noch haben wir aber ein paar kleinere Probleme mit der Abfüllung, die wir aber in den nächsten Wochen lösen wollen.

Bottroper Tagblatt: Herr Steiner wir danken für das Gespräch. Zum Wohl!

Kleinanzeigen:

Für unseren Motorradladen suchen wir eine nette Verkäuferin. Wir bieten schlechte Manieren, ölverschmierte Hände und eine konstante Bierfahne. Du solltest wissen was Ölablassen bedeutet und insbesondere die Kolbenpflege beherrschen. Wir freuen uns auf deine Bewerbung.

Werdende Witwe sucht solventen Mann für baldige Heirat. Alter und Aussehen egal – Kontostand entscheidet.

Angelfachgeschäft
Rainer Fischer

Das Angelfachgeschäft Rainer Fischer hat sich bereits seit dem Jahr der Gründung etabliert und begrüßt sich mit einem fröhlichen „Hai, wie geht´s".

Ob Muffmolchgewehre oder nur profane Haken. Alles ist auch im Tausch gegen grätige Brassen zu haben.

Inhaber Rainer Fischer, seines Zeichens ein steiler Hecht, wird auch Ihr Mann des Vertrauens, sobald es um Wasserlaichen und Tiefseefrüchte geht.

Die Blinkersammlung ist legendär und in allen Farben erhältlich.

Finden auch Sie die Würmer und Insekten, die zu Ihnen passen.

Klatschen für Fliegenfischen im Angebot.

Wa(h)lweise auch stärkere Schnüre auf Vorrat.

Die Sprachschule Franz Mann bringt auch Dir die wunderbare Welt der Sprachen bei. Ob Englisch, Französisch, Spanisch oder Italienisch. Wir beherrschen alle gängigen Sprachen und haben uns auch auf spezielle Dialekte wie Schwäbisch, Sächsisch oder Platt spezialisiert. Also sollten Sie Ihren Nachbarn in Stuttgart, Dresden oder Emden nicht verstehen, so wenden Sie sich an uns.

Herr Franz Mann konnte bei seinen Studienfahrten in ferne Länder verschiedenste Sprachen lernen und nun vermitteln. Unser Kollege Herr Frank Reich wird Sie zu Lernfahrten in das entsprechende Land mitnehmen.

Speziell im innerdeutschen Bereich bitten wir Sie immer um einen Aufenthalt in den Regionen der zu erlernenden Sprache.

Rufen Sie uns an und vereinbaren Sie einen Termin.

Es empfiehlt sich die Anschaffung eines Google-Translaters, damit Sie auch unsere Referenten verstehen können.

Abschleppunternehmen
Ernst Fall

Wir schleppen auch Blondinen ab!

Das Abschleppunternehmen Ernst Fall wurde jüngst in der aktuellen Ausgabe der Autozeitung „Hakennews" unter die 3 besten Abschleppfirmen gewählt. Der Inhaber, Herr Ernst Fall und seine Frau Andrea Fall standen hierfür Rede und Antwort bei der Übergabe der Ehrenurkunde.

Hakennews: Herr und Frau Fall, sie haben durch die Wahl unserer Leser mit die besten Bewertungen für Ihre Arbeit bekommen. Wie sehr freuen Sie sich darüber?

Ernst Fall: Es ist eine tolle Sache so viele Ihrer Leser bereits am Haken gehabt zu haben.

Andrea Fall: Ja, für uns zahlt sich der Bums aus!

Hakennews: Die Autoindustrie baut immer solidere und technisch ausgefeiltere Autos. Kommt es denn überhaupt noch zu so vielen Pannen wie früher?

Ernst Fall: Das hat sich tatsächlich geändert. Früher hatten wir mehr Pannen am Straßenrand, während heute mehr im Stoßverkehr passiert.

Andrea Fall: Es wird immer mehr von hinten gestoßen.

Ernst Fall: Der Auffahrunfall ist inzwischen unser Hauptgeschäft, gleich nach den Falschparkern.

Hakennews: Sie geben gerade das Stichwort. Besonders in den Innenstädten ist es schwierig, einen Parkplatz zu finden und dort wird vermehrt falsch geparkt. Die Kommunen bestellen dann Ihr Unternehmen, um die Falschparker abzuschleppen.

Ernst Fall: Leider sind die Kunden dann weniger erfreut, wenn Sie bei uns Ihr Auto wieder auslösen. Wenn Sie aber jetzt diese Ehrenurkunde von Hakennews sehen, gehe ich davon aus, dass diese doch wieder ein Lächeln bekommen.

Andrea Fall: Zumindest werden uns die Zähne gezeigt.

Hakennews: Wie verfahren Sie mit den Unfallautos? Haben Sie eine angeschlossene Werkstatt?

Ernst Fall: Nein, wir verkaufen die Fahrzeuge. Zumindest teilweise. Also in Teilen. Wenn der ehemalige Besitzer eine Reparatur haben möchte, dann kann er seine Teile wieder von uns kaufen. Das ist praktisch.

Andrea Fall: Wir haben auch starke Raucher!

Hakennews: Was meinen Sie mit starken Rauchern?

Andrea Fall: Mein Bruder, der auch bei uns arbeitet, ist starker Raucher.

Ernst Fall: Wir haben auch Motoren auf Lager, die stark rauchen. Also ältere Modelle als meine Frau und ich.

Hakennews: Bevor wir nun weiter ins Detail gehen, möchten wir uns bei Ihnen für das Statement bedanken.

Kleinanzeigen:

Pferdehof Stutenglück sucht Stute für Juniorhengst. Bewerbungen bitte an den Juniorchef. Bei gefallen sind Reitstunden garantiert

E-Mobilität heute:

Diese Symbole müssen Sie ab sofort kennen!!!

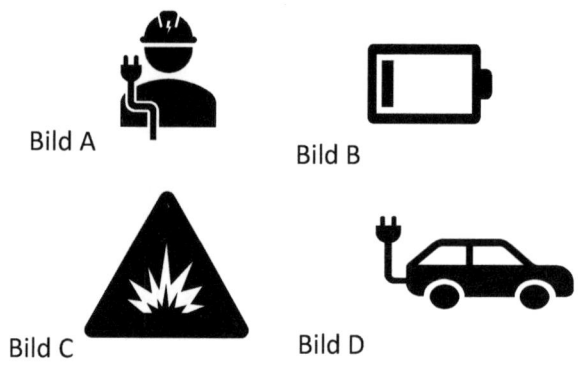

Bild A

Bild B

Bild C

Bild D

Bild A:

E-Autos sind nicht ausschließlich von Elektrikern zu fahren. Inzwischen wurde die Entwicklung bereits soweit vorangetrieben, dass auch Otto(Motor)normalverbraucher sich die Benutzung dieser umweltschädlichen und viel zu teuren Vehikel zutrauen können.

Bild B:

Gewöhnen Sie sich daran, dass Ihre Batterieanzeige meistens den auf Bild B dargestellten Ladestand hat.

Auch nach einem kurzzeitigen Aufladen wird die Batterie nach einigen kräftigen Tritten auf das Gaspedal (oder besser Beschleunigungspedal) den oben aufgeführten Stand erreichen.

Bild C:

Achten Sie darauf, dass wenn Ihr E-Fahrzeug einmal in Brand geraten ist praktisch keine Möglichkeit für die Feuerwehr besteht das Fahrzeug auch wieder zu löschen.

Bild D:

Wer steht der lädt! Leider werden Sie vielmals vergeblich eine passende Steckdose finden, an der Sie sich den einen oder anderen Liter Strom abschöpfen können. Bitte winken Sie den Benzin- und Dieselbetriebenen Fahrzeugführern freundlich zu, wenn diese an Ihnen vorbeifahren.

In dem Sinne vertrauen Sie darauf, dass wir durch den ausschließlichen Gebrauch von umweltgefährdenden Stoffen und fragwürdigen Abbaumethoden von Rohstoffen dafür sorgen, dass ein E-Fahrzeug niemals umweltschonender als ein konventionelles Auto sein wird. Günstigen Strom erhalten Sie von unseren Tochterunternehmen, die derzeit erfolgreich Kohle- und Atomstrom produzieren im benachbarten osteuropäischen Ausland.

Dies ist (k)ein Informationsblatt der NGO „Vorletzte Generation+"

Grashandel

Aus eigener Produktion - Saisonprodukt
Frisch produziert und in Säcke zu haben. Gerne
verwendet als Dünger oder getrocknet auch als
Brennstoff für unvergessene Momente am
Kaminfeuer.
Der Kenner verwendet Gras jedoch in Verbindung
mit einem Stück Papier und einem Feuerzeug.
Verkauf nur in haushaltsüblichen Mengen.

Im Herbst ganz neu im Sortiment: „Schnittgut"
und Heckenäste für Weihnachtsduselige in der
Adventszeit.

In Kooperation mit „Braune Tonne" e.V. – Unser
Biomüll soll schöner werden.

Ein Angebot der Firma Hartmut Rasenab, Grünkraut

Massagesalon G. Heldt

Massagen für Frauen ab 18 Jahren

„Wir machen Sie glücklich"

Unsere Masseure sind gerne für Sie da und nehmen Ihre speziellen Wünsche ernst. Bald auch Massagen für Männer – Happy End garantiert!

Der Massagesalon G. Heldt widmet sich in einer schier unerschöpflichen Ausdauer bereits seit Jahren der Entspannung von Frauen. Immer wieder kann man in den Bewertungen lesen, dass sich Frauen in Ektase fühlen nach einer Massage durch den (Herrn) G. Heldt. Eindringlich geht Herr G. Heldt auf die Wünsche seiner weiblichen Kundschaft ein und nimmt sich auch mal ein paar Minuten länger Zeit, falls das Ziel der Behandlung noch nicht erreicht ist.

Weitere Kundenmeinungen:
„Herr G. Heldt hat zauberhafte Hände und erwischt jedes Mal die richtige Stelle bei mir", schwärmt Frau Biedermann, die bereits seit Jahren Stammkundin ist.

„Das Team von Herrn G. Heldt ist sehr abwechslungsreich in seinen Techniken", behauptet Frau Scharf.

Tiefe Eindrücke hat auch Frau Stecker: „Die Massage durch G. Heldt verschafft mir regelmäßig tiefe Entspannung."

Nach 30 Jahren in den Händen von Herrn G. Heldt ließ sich nun Frau Brummer von ihrem Mann scheiden, um mit Herrn G. Heldt zusammen zu leben und den Massagesalon gemeinsam zu führen. Es ist geplant das Programm auch auf Männer auszuweiten. Frau Brummer sucht hierzu noch aufgeschlossene, tüchtige und anmutige weibliche Angestellte. Aufgrund der Vielzahl an Bewerbungen entschloss sich das neue Betreiberpaar nur noch Bewerberinnen mit einem Alter von höchstens 19 Jahren eine Stellung zu bieten.

Kleinanzeigen:

Aktionswochen im Swingerclub „Zum klappernden Storch". Wir bieten aus ökologischen Gründen wiederverwertbare Kondome – jetzt auch atmungsaktiv mit Belüftung. Für Schnellspritzer oder Großkonsumenten haben wir auch attraktive Großpackungen im Angebot. Nutzen Sie unsere Schnupperangebote.

Ich bin ein Ei

Eierhof Spiegelei
Hinter der Schale
steckt der
Geschmack

Biologische Verpackung

Wir produzieren täglich – Auch an Feiertagen !!!

Nur von weiblichen Hühnern - 100% Frauenquote

Neues vom Eierhof Spiegelei:

Wir bieten umweltfreundliche Verpackungen für Eiweiß und auch für den Dotter in einer zeitgemäßen Verpackung, die auch den höchsten Ansprüchen gerecht wird. – Vorsicht zerbrechlich!

Die von der Bundesregierung geforderte Frauenquote konnten wir in der Produktion bereits zu 100% einhalten. Wir sind stolz darauf, dass der männliche Anteil „geschreddert" wurde.

Um unsere Kunden zu jeder Zeit mit unseren Spezialitäten beeindrucken zu können, wurde die Produktion auch auf Sonn- und Feiertage erweitert.

Hinter der Schale steckt der Geschmack! Flexible Anwendungsmöglichkeiten in Haus und Garten.

Bitte erst in der eigenen Küche verwenden. Als Wurfgeschoss nur bedingt geeignet. Eltern haften für Ihre übermütigen und antiautoritär erzogenen Kinder. Kein Reinigungsservice im Angebot. Rücknahme ausgeschlossen.

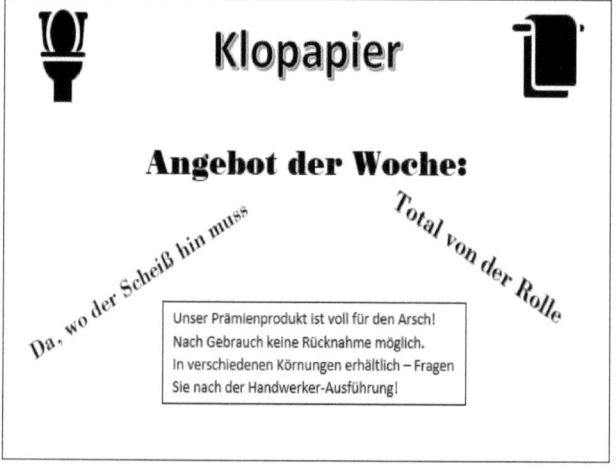

Klopapier

Angebot der Woche:

Da, wo der Scheiß hin muss

Total von der Rolle

Unser Prämienprodukt ist voll für den Arsch!
Nach Gebrauch keine Rücknahme möglich.
In verschiedenen Körnungen erhältlich – Fragen
Sie nach der Handwerker-Ausführung!

JVA Klein Fredenbeck

Auf vielfachen Wunsch feiern wir den Tag der offenen Türe.

Lernen Sie die Insassen kennen. Schließen Sie Freundschaften. Erledigen Sie Besorgungen.

Ob Klein- oder Schwerkrimineller – wir haben allerlei Abschaum hier.

Folgende Attraktionen erwarten Sie:

- Tontaubenschießen (gegen Wärter)
- Leiterklettern über Mauern
- Ring- & Boxkampf mit Dauerbewohnern
- Stühle rücken (Reise nach Jerusalem)
- Essen schmecken und erkennen
- Grasernte und Transport

Dauerhafte Unterbringung mit Zimmerservice möglich. Fragen Sie Ihren örtlichen Polizeibeamten.

Eintritt frei – Austritt nicht.

Finanzberatung

Mark Deutsch
Deutsche Allee 69
00815 Markstadt
0190-6622

Wir bieten mehr als kaltes Grinsen und legen Ihnen Steine in den Weg.

Von Spaßkassen empfohlen!

Immer mehr zwielichtige Gestalten tummeln sich auf dem Finanzsektor. Ein neues Licht im Schatten ist Herr Mark Deutsch, der sich bereits seit Jahren mit der Geldanlage für Senioren beschäftigt. Bislang konnte sich Herr Deutsch mit seinen bisherigen Unternehmen „Deutsch, Mark für Deutsche Mark" oder „Anlagen für Deutsche Mark" nicht am Markt etablieren. Der nun etwas konservative Firmenname „Finanzberatung" gibt dem Unternehmen einen seriösen Anstrich, wie Herr Deutsch vermutet.

Für eine bald anstehende Werbekampagne konnte er bereits Kooperationen mit großen Namen verhandeln. So ist der Versicherungskonzern „R und V – Räuber & Verbrecher", sowie die Bausparkasse „Schäbig Wall", das Investmentunternehmen „Unicorn Inzest" und die „EKB - Einfach-Kredit- Bank" Teil seiner Partnerschaften. Das Ziel seiner Unternehmungen ist die Beratung von Senioren. Hierzu äußerte sich Herr Deutsch:

„Die Senioren, auch Golden-Ager genannt, sind eine solvente Altersgruppe, bei denen wir hoffen die eine oder andere Lebens- oder Rentenversicherung abschließen zu können. Gerade bei Krediten ist es für Senioren oftmals schwer bei den etablierten Banken unter zu kommen. Wir möchten die Senioren mitnehmen und auch Ihnen ermöglichen, dass ein Bausparvertrag nicht im Bereich des unmöglichen bleibt. In meinen Augen werden Senioren in diesen Bereichen grundsätzlich von alt eingesessenen Banken diskriminiert."

Fachleute geben der Geschäftsidee von Herrn Deutsch gute Erfolgschancen, solange es Herr Deutsch schafft, sich auch in die Erbfolge seiner Kunden einzuschleichen. Es bleibt abzuwarten, wie sich das Geschäftsmodell entwickelt.

„Sollte ich keinen Erfolg haben, so werde ich auch weitere Möglichkeiten finden, mich als potentieller Enkel für Senioren anzubiedern."

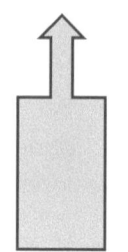

Schornsteinbau

Hans Dampf

Seit 1886 im Zeichen des Rauchs

Neu im Angebot: Kamine und Schornsteine mit Innenauslass. Für ein wohliges Raucharoma im heimischen Wohnzimmer.

Bei uns machen Sie Ihren Feinstaub selber. Für feine Nasen geeignet.

Verbrennung auch von Steuerunterlagen und Gläubigerbriefen praktisch rückstandsfrei möglich.

Schornsteinbau Hans Dampf – Damit der Nachbar weiß, wo es raucht!

Unser Betrieb ist seit 1886 schon von weitem an der besonderen Fahne zu erkennen.

Metzgerei Bäcker

Immer frisch vom Rind – Saulecker!

Die Metzgerei Bäcker ging im Jahr 2020 aus der Metzgerei Schuster hervor, die sich mit ihrer Philosophie des fleischlosen Schlachtgeschäfts bei der Kundschaft nicht durchsetzen konnte. Herr Schuster bedauerte damals, dass die Leute lieber barbarisches Fleisch als grünen Löwenzahn von ihm kaufen wollten. Da er aber in der Vergangenheit jedem Vieh einen Namen gab, wurde es für Herrn Schuster moralisch unmöglich, das Vieh auch zu schlachten. Herr Schuster betreibt nun ein Schuhfachgeschäft mit rein veganem Sortiment.

Der neue Eigentümer, Herr Bäcker, möchte wieder zurück zu den Ursprüngen des Metzgerhandwerks und hat sich dazu entschieden sein Schlachtvieh auf traditionelle Weise mit Pfeil und Bogen zu erlegen. Leider konnte sich dieses Konzept ebenfalls noch nicht richtig durchsetzen, da es immer wieder Probleme mit dem Transport des erlegten Viehs in den Schlachthof gibt. Es scheint zu befürchten, dass es wohl bald wieder einen Wechsel der Eigentumsverhältnisse geben wird. Herr Eduard Schneider möchte seine Boutique an seine Frau abgeben und sich seiner Passion, dem Metzgerhandwerk, widmen. Es bleibt abzuwarten, ob sich dann ein neues Konzept durchsetzen kann.

Kleinanzeigen:

Hometrainer mangels ausreichender Fitness günstig abzugeben. Neuwertig und fast nicht gebraucht. Bitte nur Selbstabholer!

Am Freitagnachmittag wird am Marktplatz eine Demonstration für Umweltschutz und mehr Gleichberechtigung für Mann und Frau stattfinden. Liebe Brüder und Brüderinnen im Geiste, ihr seid recht herzlich eingeladen. Parkplätze ausreichend vorhanden!

Oh du Fröhliche...! Endlich da und verfügbar der

Weihnachts-
baum-Verleih

Nordmanntannen, Fichten und der ganze Quatsch. Jetzt mieten und an Drei-König bei jedem gutensortierten Wertstoffhof wieder abgeben. Exklusiv mit Schnee aus der Tube!

Einzigartige Leasingangebote – Fragen Sie nach!

Auch ganz neu im Programm: **Der Osterbaum-Verleih**. Seien Sie Trendsetter und haben Sie als erstes in Ihrer Familie und im Freundeskreis einen Osterbaum.

Ihr Freundeskreis „Tote Tanne" e.V.

Baugeschäft für Lehrlingsbedarf

Inhaber: Rob Auer

Das Interview zum Generationswechsel führt das Genossenschaftsblatt „Au-am-Bau" (AaB): Sehr geehrter Herr Auer, Sie leiten nun das Baugeschäft für Lehrlingsbedarf in zweiter Generation. Unzählige Lehrlinge des Baugewerbes waren bereits ihre Kunden. Was bekommen Sie so an Resonanz?

Rob Auer: Uns schlägt regelmäßig eine große Welle an Zufriedenheit entgegen. Wir brechen mit der Tradition anderer Baugeschäfte und bieten eine Flut von Gegenständen an, die sonst nirgends wo wie Sand am Meer erhältlich sind.

AaB: Zugegeben, wir haben einige Ihrer Waren noch in keinem anderen Geschäft gesehen. Sie haben sich auch nicht auf ein Betätigungsfeld festgelegt.

Auer: Nein, bei uns bekommt der Elektriker seine Feierabendschablone oder auch den Reststromverteilerkasten. Der Eimer für die Spannungsabfälle ist ein Bestseller. Ein Sanitär-Azubi erhält bei uns auch mal einen kabellosen Duschkopf oder einen Alumagneten.

AaB: Der größte Teil Ihres Sortiments umfasst jedoch den typischen Bedarf des Handwerkslehrling, der auf dem Bau arbeitet.

Auer: Das ist richtig. Wir bieten Auffüllgeräte für Wasserwagen, Wasserwagen mit Gewichtsskalierung, Zollstockmeßgeräte und flexible Meterstäbe mit Verlängerung. Außerdem gibt es bei uns exklusiv die Winterausstattung für jede Schubkarre. Griffheizung, Winterräder und Schneeketten für jede Radgröße.

AaB: Mit der Neueröffnung Ihrer Zimmermannsabteilung haben Sie nun alle Bereiche abgeschlossen.

Auer: Ja, wir haben nun als erstes Baugeschäft für Lehrlinge überhaupt das 180° Winkeleisen und den Glashobel ins Sortiment aufgenommen. Im Moment warten wir aber noch auf die Lieferung des Dreieckbohrers.

AaB: Wir haben gehört, dass auch immer mehr Mechatroniker- und Kfz-Mechaniker-Lehrlinge bei Ihnen anzutreffen sind. Wie können Sie diesen Berufsgruppen weiterhelfen?

Auer: Hier können wir mit Feilenfett und feinem Getriebesand weiterhelfen. Auch ganz besonders ist unser Deo für Schweißarbeiten. Der neue Gewindehammer ist jetzt auch mit verstellbarer Wucht erhältlich. Wir hoffen dabei auf einen großen Absatz.

AaB: Aber auch für die Büroarbeit sind Sie reichlich bestückt.

Auer: Meine Frau achtet auch immer darauf, dass ich richtig bestückt bin. Für die Büro-Azubis führen wir z.B. auch Blanko PDFs und PDF-Druckerpapier. Die Bilanzwaage ist auch immer vorrätig. Für die EDV haben wir Equipment wie unter anderem die Scannerpatronen für alle Herstellerprodukte.

AaB: Was haben Sie als nächstes noch vor?

Auer: Wir möchten in Zukunft auch den Hubwagenführerschein anbieten, damit wir nicht uns sagen lassen müssen, dass wir rein auf

Materialien stehen würden. Der 3-Hand-Kipper kann bei uns ebenfalls geprüft werden.

AaB: Wir haben gehört, dass nicht nur Lehrlinge und Azubis bei Ihnen ein und aus gehen, sondern auch Befehlshaber der Bundeswehr.

Auer: Das kann ich so nicht bestätigen, aber ein Feldwebel wollte von mir neulich einen Schlüssel für den Verfügungsraum haben. Es war auch der gleiche Feldwebel, der schon vormals Blaulichtflüssigkeit nachbestellt hatte. Er hatte sonst auch den Koch der Einheit bei uns vorbei geschickt um blaue Bohnen zu kaufen.

AaB: Wie wir heute erfahren haben, sind Sie in einer boomenden Branche unterwegs. Da wir noch eine lange Heimfahrt haben, würde ich von Ihnen gerne noch etwas Bremsbackenöl und ein WLAN-Starthilfekabel mitnehmen. Ansonsten bedanke ich mich für das Gespräch.

Kleinanzeige:

Wegen Führerscheinentzug: Fahrschule Weiner sucht Aushilfsfahrlehrer für ca. 3 Monaten als Vertretung.

Reiner Neubauer

Neubauer von Wohn- und Mietshäusern

Fast immer erfolgreich seit 1514 in der 20sten Generation (oder so)

Sie suchen einen verlässlichen Bauträger, der Ihre Wunschimmobilie mit nur geringfügiger zeitlicher Zielsetzung fertigstellen kann? Dann sind Sie bei uns richtig. Die Fa. Reiner Neubauer baut seit 1514 immer wieder Wohn- und Mietshäuser, die auch oftmals nicht einstürzen.

Nachdem im 16. und 17. Jahrhundert unsere Vorfahren meist nach Einstürzen gelyncht wurden, hat sich heutzutage das Überleben als Bauträger doch erheblich verbessert. Die vorherige Generation wurde z.B. nur noch für mehrere Jahre zu Freiheitsentzug verurteilt und wir haben derzeit auch nur wenige Gerichtstermine vor uns.

Wir können sogar stolz behaupten, dass der Zoll bei der letzten Überprüfung nicht mal alle Schwarzarbeiter gefunden hatte. Unsere Firma hat sich eine ausgeprägte Internationalisierung auf die

Fahnen geschrieben. Wir laden hierzu permanent mehrere rumänische oder bulgarische Wanderarbeiter zu uns ein, damit wir Ihr Projekt auch recht kostengünstig erstellen können.

Die von uns verwendeten Materialien sind selbstverständlich vegan und wiederverwendet. So haben wir seit Jahren bereits eine Second-Hand-Beschaffung von Baumaterialien von umliegenden Baustellen aufgebaut. Das ist auch für Sie als Bauherr interessant, denn so profitieren Sie von unseren günstigen Bezugskosten.

Bezüglich etwaiger Probleme mit Baugenehmigungen lassen Sie sich versichern, dass wir mit ausreichend Personal in der Baubehörde befreundet oder verwandt sind. Andernfalls haben wir auch genügend finanziellen Spielraum einkalkuliert, um auch den letzten Gemeinderat für ein Einverständnis zu überzeugen.

Bauen Sie mit Reiner Neubauer und Sie werden es nicht bereuen.

(Dieser Flyer wurde erstellt von der Anwaltskammer Rîbnita/Transnistrien. Wir danken für das Vertrauen)

V H V

Vatikanische Holzfäller Vereinigung

 *Ein dreifaches „Holz – Wurm!"*

Die VHV ist ein mittelständischer Verband, der seine Aufgabe in der konsequenten Aufforstung des Vatikanischen Staatsgebietes sieht.

Wir sehen uns als die staatlichen Kontrolleure für übermäßiges Holz vor der Hütten.

Durch die Versiegelung von freien Flächen insbesondere am Petersdom wurden die Lebensräume der gemeinen Stadttaube unverhältnismäßig eingeengt. Es ist aus unserer Sicht nicht vertretbar, dass dort keine einzige Trauerweide steht. Fichten, Eichen oder Buchen könnten ebenfalls aus Sicht der VHV für eine nachhaltige Forstwirtschaft dort angepflanzt werden.

Unsere Forderung ist schnell zusammengefasst: Mehr Holz als Marmor. Leider konnten wir uns mit unseren Forderungen in der Vatikanischen Regierung noch nicht durchsetzen. Wir hoffen aber, dass die nächste vatikanische Regierung mehr weiblichen Einfluss hat und somit vielleicht auch eine (Quoten-)Frau endlich mal die Ferula (Kreuzstab) übernimmt. Das würde unsere Forderungen bestimmt einfacher durchsetzbar machen.

Gleichzeitig möchten wir auch eine baldige Ausdehnung unserer Interessen in das Stadtgebiet von Venedig vorantreiben. Auch dort können wir uns gut eine kleine Waldschonung im Bereich des Markusplatzes vorstellen.

Campingtipps für Weltenbummler und unerschrockene Abenteurer

Die Camperszene wächst von Jahr zu Jahr und so werden die Reiseziele immer spektakulärer. Vorbei sind die Zeiten, als bei Mutti im Vorgarten das Zelt aufgebaut oder mit dem Wohnwagen in Italien die großen Ferien verbracht wurden. Aktuell werden die Urlaubsgebiete anspruchsvoller ausgewählt.

Heute zeigen wir Ihnen noch unbekannte Schönheiten, die von Ihnen entdeckt werden wollen. Unsere Buchungsseite www.hau-bloß-ab.de bietet Ihnen eine exklusive Auswahl an Campingplätzen, die noch nicht durch den Massentourismus erschlossen wurden. Buchen Sie jetzt. (Aufgrund der Gegebenheiten nur Vorkasse möglich)

Reiseziel Färöer-Inseln:

Camping auf der Insel Gáshólmur

Genießen Sie die ursprüngliche Natur einer fast unberührten Insel im hohen Norden Europas. Anreise nur mit den Fischerbooten der Einheimischen möglich. Somit ist das Eiland absolut Auto- und abgasfrei. Für die Unterbringung ist ein imaginäres 5 Sterne Spa Resort geplant – irgendwann vielleicht.

Fließend Wasser: Definitiv mehrfach täglicher von oben. Strom: Gibt es nicht wegen zu viel Niederschlag. Anmerkung der Lokalverwaltung: Zelten verboten.

Unser unschlagbarer Preis: Exklusiver Steh- oder Sitzplatz (bei Mitnahme eines Stuhls) 99,00 Euro/Person und Nacht. Anreise nicht inbegriffen (Wir empfehlen die Nevercomeback Airline). Buchen Sie das Wochenpaket für einmalige 799,00 Euro/Person und Nacht.

Dies ist ein Angebot von „Hau-bloß-ab Camping GmbH"

Reiseziel Indien:

Camping in der Werft Alang

Bestaunen Sie Ozeanriesen aus nächster Nähe. Für Camperfreunde werden vor Ort die Schiffe aufgesägt, um Ihnen einen Blick in das Innere zu gewähren. Der Strand hat eine unverwechselbare Farbe und anstatt Muscheln finden Sie durchaus wertvolle Metalle. Doch Vorsicht bei Neuankömmlingen. Lautes Hupen gilt zwar als Warnsignal, könnte Schwimmer aber verunsichern. Die Luftqualität hat deutlich Luft nach oben. Bisher wurden jedoch nur die Grenzwerte regelmäßig erhöht.

Wasser ist am Stellplatz wellenhaft vorhanden. Für Strom dürfen Sie sich gerne an das nette Hilfspersonal (Werftarbeiter) wenden. Achtung: Helmpflicht für Europäer. Es wird geraten die Badeschlappen mit Stahlkappeneinsätze zu wählen. Der Preis dieser Reise variiert je nach Ihrer geleisteten Arbeitszeit vor Ort.

Reiseziel Island

Eyjafjallajökull Revival

Der exklusive Stellplatz mit Fußbodenheizung. Trotz Eis und Schnee in unmittelbarer Umgebung bietet Ihnen dieser Vulkan eine besondere Wärme. Besuchen Sie diesen Berg, der 2010 die Schlagzeilen in Europa beherrscht hat. Für die Anfahrt empfehlen wir ein geländegängiges Zugfahrzeug. Es könnte aufgrund der Geothermie kurzzeitig zu erhöhtem Rauch kommen, den Sie aber sicherlich mit geeigneten Ventilatoren aus Ihrem Vorzelt vertreiben können. Für Ruhestörungen aufgrund von vulkanischen Aktivitäten übernehmen wir leider keine Haftung.

Wasser kann durch aufgetauten Schnee selber erzeugt werden. Strom ist schwierig. Dieser Stellplatz ist für Besucher kostenlos, da bisher noch kein Campingplatz-Personal gefunden werden konnte.

Reiseziel Antarktis

Südliche Sandwich Inseln

Soweit und doch so nah. Sie befinden sich auf britischem Staatsgebiet und können je nach Jahreszeit Pinguine oder Eisschollen zählen. Die Südlichen Sandwich Inseln sind eine der letzten Stationen vor dem ewigen Eis der Antarktis. Wir empfehlen Ihnen Kneippkuren im frischen Atlantikwasser. Von größeren Erkundungstouren auf der Luftmatratze sollte jedoch abgesehen werden. Ein besonderes Highlight ist das wechselhafte Liebesspiel zwischen Robben und Schwertwalen mit jeweils ungewissen Ausgang. Wir bitten darauf zu achten, dass die Verpflegung auf den Südlichen Sandwich Inseln trotz deren Name nicht immer reibungslos erfolgt. Besser ist es sich auf einen historischen Walfang vor der Küste zu begeben. Wasser ist ausreichend vorhanden. Strom sollte besser selbst erzeugt werden. Aufgrund der Gegebenheiten kann sich die Rückreise insbesondere im Winter um mehrere Monate verzögern.

Reiseziel Ost-Russland

Kamtschatka

Treffen Sie Bären, Tiger, Wölfe und sonst noch Zeug, welches Sie sicher umbringen kann. Der Nervenkitzel ist das offene Iglu-Zelt, das gerne von der örtlichen Tierwelt als Vorratskammer genutzt wird. Sollten Sie dennoch mit dem Schrecken davonkommen, so empfehlen wir Ihnen einen Ausflug in einen der vielen aktiven Vulkanschlote. Dort dürfte auch die Umgebungstemperatur an südliche Gefilde erinnern. Durch immer wieder auftretende Erdbeben ist ordentliches Schuhwerk zu empfehlen, um nicht vom Weg abzukommen. Ein kleiner Hinweis noch für unerschrockene Querfeldeinwanderer: Bereits seit Ende des Weltkriegs hält die russische Armee diverse Übungen, bzw. Manöver mit scharfer Munition auf der Halbinsel Kamtschatka ab. Bitte unterlassen Sie aus diesem Grund das Einsammeln von Altmetall.

Reiseziel Grönland

Dänemarkspezial

Genießen Sie historische Reiseziele von Leif und Erik (den Wikingern), die bereits vor Jahrhunderten diese nette, kleine Insel kennenlernen durften. Wie der Name bereits übermittelt – Grönland heißt Grünland – können Sie saftige Wiesen erkunden und sich ein Picknick in der Natur gönnen. Bitte achten Sie dabei aber auf das Timing, da in der dunklen Jahreszeit vor lauter Eis und Schnee das Gras nicht überall zu erkennen ist. Sammeln Sie Köpfe von Bären, Moschusochsen und Polarfüchsen für Ihr Ferienhaus. Dieses Hobby ist bei der einheimischen Bevölkerung etwas umstritten. Egal ob Eis, Schnee,

Sturm oder sonstiges Wetter, Grönland ist bestimmt nicht von Touristenströmen überlaufen.

Wasser ist mehr als ausreichend vorhanden. Strom wird in Siedlungen literweise angeboten. Die Anreise mit einer Fähre aus Dänemark kann unter Umständen einige Zeit in Anspruch nehmen.

Reiseziel Afghanistan

Kabul

Es ist in den letzten Jahren etwas schwierig geworden in Afghanistan einen Campingplatz zu finden. Schuld daran ist die Überbevölkerung und die immer wieder stattfindenden Raketenflüge der Region. Ansonsten treffen Sie auf nette Einheimische, die Ihnen selbstverständlich viele interessierte Fragen stellen werden. Wir würden Ihnen empfehlen ausreichend Gastgeschenke einzuplanen, um die jungen Erwachsenen milde zu stimmen. Hoch im Kurs sind die sog. Arafat-Tücher, die vor Ort meistens auf dem Kopf getragen werden. Von größeren Menschenmassen, die durch Freudenschüsse in die Luft auffallen, sollten Sie sich lieber fernhalten. Wasser ist nicht immer sauber und vorhanden. Strom gibt es nur zu besonderen Anlässen. Wir möchten Sie bitten von religiösen Missionierungsversuchen vor Ort aus gesundheitlichen Gründen Abstand zu nehmen.

Mohren-Aphotheke

Wir heißen so und wir bleiben so seit über 100 Jahren!!!

Wir sind ein ortsansässiger Betrieb, in dem Sie alles rund um die Medizin bekommen können.

In unserem Angebot sind Pillen, Spritzen und auch die ein oder andere Creme.

Bei Bedarf mischen wir Ihnen auch spezielle Mittelchen aus unserem Giftschrank zusammen. Die Wirkung ist stark basierend auf dem von Homöopathen geschätzten Placeboeffekt.

Mullbinden, Pflaster oder etwas Gips zum selbständigen Anrühren ist auch bei uns erhältlich.

Für die älteren Kunden liegt bei uns auch immer die „Rentner-BRAVO" aus.

Schauen Sie herein und finden Sie raus!

Rollrasen
Roland Rast

Rollrasen in allen Größe!

Wir verstehen was von Graß!

Sie finden uns ganz nah an der niederländischen Grenze. Auch in Tüten verpackt oder zum selber ernten. Wir haben einen uneinsehbaren Parkplatz für Großkunden!

Kleinanzeige:

Folien- und Tütenfabrikant sucht Abnehmer. Unsere Produkte sind glutenfrei und auch für Veganer geeignet. (Kann Spuren von Nüssen enthalten). Aus Umweltschutzgründen sind unsere Produkte 100% wiederverwendbar und absolut recyclingfähig.

Für unser Kloster der hl. Dreifaltigkeit suchen wir noch weitere Schwestern*innen (m / w / d) zur Glaubenspflege.

Liechtensteiner Hochseefischer (Trawler-Fundamentalisten)

Die Liechtensteiner Hochseefischer haben sich nach jahrelanger Uneinigkeit nun endlich zu einer Gemeinschaft zusammengeschlossen. Die sogenannten Trawler-Fundamentalisten haben auch gleich Ihrem Landesfürsten eine Liste an aus ihrer Sicht berechtigten Forderungen überstellt.

Die wichtigsten Forderungen wurden in einem Manifest an die Dorfkirche in Triesenberg genagelt. Dies erlangte eine gewisse Aufmerksamkeit, da der eisernen Zugangstüre der Dorfkirche ein erheblicher Schaden entstand.

Die wichtigsten Forderungen wurden im Liechtensteiner Volksblatt veröffentlicht:

- Schulspeisung der Schüler und Schülerinnen mit Seefisch – ausschließlich!
- Mehr Fischrestaurants per Regierungserlass
- Rheinvertiefung für mehr Manövriermöglichkeiten der einheimischen Hochseefischer
- Hafenneubau mit Mole für Hochseetrawler
- Auswildern von Seemöwen im Stadtgebiet
- Einführung einer Robbenzucht im Hochgebirge.

Die Trawler-Fundamentalisten bezeichneten Ihre Forderungen als nicht verhandelbar und drohten bereits damit im Falle einer Ablehnung ein Netz auf dem Kreisverkehr in Vaduz zu spannen.

Bis dato gibt es ein gespaltenes Echo in der Bevölkerung. Jedoch hält der überwiegende Teil der Liechtensteiner die Forderungen für vertretbar und hofft auf eine glückselige Fasnet, in der weitere Forderungen der Trawler-Fundamentalisten sehnsüchtig erwartet werden.

Anmerkung der Redaktion: Die Trawler-Fundamentalisten erwarten für die Fortführung der Protestaktionen hektoliterweise Freibier und meterweise Bratwürste, um in Form zu bleiben und den Regierungsräten die Stirn zu bieten.

Malermeisterin ROSA GRAU aus ROT an der ROT macht BLAU

(Betriebsferien)

Wir fahren ins GRÜNE und in den SCHWARZwald. Danach wollen wir noch nach ORANGE (Frankreich) um etwas BRAUN (vorher wahrscheinlich erst ROT) zu werden, da wir derzeit eher HELLWEISS sind. Jedenfalls sind wir nicht so blöd und PINKeln gegen den Wind, um vorher noch GELB zu werden. Zum Abschluss veranstalten wir noch einen bunten Abend mit dem LILA-Launebär!

Kleinanzeige:
Firma Taub & Blind - Hörgeräte und Akustik für schwer Hörgeschädigte und Sehhilfen für werdende Maulwürfe. Kommen Sie vorbei und hören und schauen Sie sich unsere Angebote an. – Wir sehen und hören uns!

Stadtwerke Limbach-Oberfrohna

Als regionaler Versorger bieten wir unseren Kunden selbstgemachten Strom aus zertifiziertem Bioanbau an.

Wir mögen den Kurzen in der Leitung!

Auch sind wir als Zweitverwerter durch unsere Milchbauern vor Ort der größte Gaslieferant im näheren Umkreis.

Gase sind unser Leben!

Möchten Sie lieber mit Multimedia versorgt werden, so ist auch das bei uns für Sie möglich.

Internet ist Neuland – wir waren schon da.

Bei Interesse melden Sie sich gerne bei uns. Unsere Fax-Nummer lautet: 0180-1234567

Hausverwaltung
H.P. Wunderbar

Alles für Ihre Immobilie

Ihr inkompetenter Partner rund um Ihre Immobilie.

Wir haben eine langjährige Erfahrung, die wir Ihnen natürlich gerne vorenthalten wollen.

Bei Fragen zu Mietern und Sanierungsmaßnahmen sind wir genauso ahnungslos, wie bei den gesetzlichen Vorschriften für Heizungen.

Eigentümerversammlungen werden von uns genauso wenig durchgeführt wie eine Begehung der Wohnanlage.

Um umweltfreundlich zu sein, haben wir eine beleglose Buchhaltung entwickelt, in der kein Geschäftsvorfall mehr verbucht und auf die Abrechnung verzichtet wird.

Bei Fragen rufen Sie uns gerne an. Unsere Nummer ist selbstverständlich verborgen, um Spam-Anrufen vorzubeugen.

Sozialpädagogische Praxis
Leinsamen

Wir möchten Dir die totale Entspannung vom rauen Alltag bieten. Meditiere mit uns und lausche den Klängen des Xylophons und des Tamburins, während die Trompete zur Untermalung beiträgt. Gesunde Ernährung wird bei uns großgeschrieben. (wir haben aber auch Gummibärchen!)

Komm´ und nimm dir Zeit. Es eilt!

Kleinanzeigen:
Neuwertige Fahrräder günstig abzugeben. Klingel, Gepäckträger, usw. alles vorhanden. Nur das Schloss wurde beschädigt. Kann Ihnen auch bei gewisser Wartezeit andere Modelle organisieren.

1. FC Schwalbe Vogelsheim

Der aufstrebende Fußballverein 1. FC Schwalbe Vogelsheim möchte den Durchmarsch von der Kreisklasse in den Profibereich mit Hilfe des Mäzen Dr. Vogel aus Finkenwerder in kürzester Zeit schaffen, so das Anliegen von Herrn Dr. Vogel. In einem ausführlichen Interview mit der regionalen Fachzeitung „Klasse im Kreis" beschreibt Herr Dr. Vogel seine Vision:

Klasse im Kreis: Hallo Herr Dr. Vogel, es ist schön mit Ihnen dieses Interview zu führen. Dürfen wir Sie mit Herrn Dr. ansprechen?

Herr Dr. Vogel: Ach lassen Sie das Dr. weg.

KiK: Vielen Dank Herr

Vogel: Aber Vogel dürfen Sie schon sagen.

KiK: Herr Vogel, Sie möchten Ihren Herzensverein, den 1. FC Schwalbe Vogelsheim, in den bezahlten Fußball aufsteigen sehen. Wie kam es dazu?

Vogel: Da ich in meiner Kindheit in Vogelsheim, nahe der deutschen Grenze aufgewachsen bin, ist es mir ein persönliches Anliegen diesen Verein nun zu unterstützen.

KiK: Ist es nicht schwierig einen französischen Verein in die deutsche Spielkultur einzubinden, ganz zu schweigen von den Strukturen im deutschen Fußball?

Vogel: Da sehe ich kein Problem. Bei uns wird noch deutsch gesprochen und alle paar Jahrhunderte verschiebt sich doch sowieso die Grenze mal hin und mal her.

KiK: Das ist eine gewagte These. Aber warum wollen Sie denn nicht in Frankreich durchstarten?

Vogel: Es fällt mir schwer die Sprache zu verstehen. Ich möchte lieber in Deutschland Erfolge erzielen.

KiK: Wie sehen denn Ihre Pläne aus? Es wird sicherlich nicht billig gute Spieler zu verpflichten.

Vogel: Darüber habe ich mir noch keine Gedanken gemacht. Auch habe ich nicht vor auch nur einen

Euro in den Verein zu investieren. Ich gehe davon aus, dass meine Anwesenheit und das Anfeuern von meiner Frau und mir den Verein nach vorne peitscht.

KiK: Das wird sicherlich ein schweres Unterfangen. Wie sehen denn die Vereinsoberen Ihr Vorhaben? Haben Sie schon eine gewisse Resonanz bekommen?

Vogel: Nein, bisher ist mir noch nicht bekannt, wer den Verein führt. Aber ich denke, dass ist mit meinem Anliegen sowieso bald zum Präsidenten ausgerufen werde.

KiK: Herr Vogel, ich bekomme gerade einen Hinweis von meiner Redaktion. Der Verein 1. FC Schwalbe Vogelsheim wurde vor 35 Jahren aufgrund von Erfolglosigkeit und Spielermangel aufgelöst. Was sagen Sie dazu?

Vogel: Dann wird meine Wahl zum Präsidenten wohl ein Selbstläufer werden.

KIK: Wir danken für dieses aufschlussreiche Gespräch und wünschen Ihnen viel Erfolg auf Ihrem langen Weg nach oben.

Autotuner Kromer

- Umbauten aller Art – selten TÜV-gerecht.
- Tieferlegen angelehnt an der Intelligenz des Halters.
- Farbige Lackierungen – auf Wusch auch bunt.
- Spoiler und Verbreiterungen für füllige Beifahrerinnen.
- Kindersitzanpassungen im Kofferraum.
- Extrabreite Reifen in schwarz.
- Felgen in zeitlosem Retrolook.
- Chiptuning auch für Ihren Heim-PC.
- Erhöhung der Motorleistung um mindestens 0,1% - bei Erfolg.
- Umrüstungen von Diesel auf Benzin bei einmaligem Gebrauch.
- Umweltgerechte Zweitverwertung von Altöl im nahegelegenen Frisörsalon meines Onkels! – Green rules!

Skiverleih Nordfriesland

(küstennah und günstig)

- Perfekte alpine Skiausrüstungen immer in neuwertigem Zustand.
- Spezialisiert auf Ski-Abfahrts-Equipment
- Ski von jedem Hersteller verfügbar
- Skischuhe in jeder Größe auf Lager.
- Verschiedene Wachse zum aussuchen
- Auf Nachfrage auch Ski-Träger für jeden Kfz-Typ vorrätig.

Achtung: Verleihdauer höchstens 24 Stunden!

Kleinanzeige:

PC & Handy Doktor sucht Mitarbeiter für Ungezieferbeseitigung und Krankenversorgung. Wir kämpfen gegen Viren, Würmer, Spider-Apps. Trojaner, die mit Mäusen umgehen können bevorzugt.

	Autobahn- meisterei A 123	

Die Autobahnmeisterei der A 123 stellt seit Jahren den reibungslosen Verkehr auf der A 123 sicher. Herr Hans Dampf stellte sich nun unserer Fernfahrerzeitschrift „Fahr gut", um auch die eine oder andere Frage wahrheitsgemäß mal zu beantworten.

Fahr gut: Herr Dampf, Sie sind nun in Ihrem 35. Jahr als Polier der Autobahnmeisterei an der A 123. Wird Ihnen der Beruf nicht langsam langweilig?

Hans Dampf: Nein, nein! Ganz im Gegenteil. Jeden Tag gibt es etwas Anderes zu sehen.

Fahr gut: Was meinen Sie damit?

Hans Dampf: Ob Mittelfinger, Scheibenwischer, Vogel oder nacktes Hinterteil. Die Ausdrucksweise der Autofahrer ist vielfältig. Insbesondere im Baustellenbereich.

Fahr gut: Das müssen Sie uns genauer erklären.

Hans Dampf: Es gibt einen großen Unterschied zwischen PKW- und LKW-Fahrern. Sieht man bei den PKW-Fahrern meist nur entblößte Körperteile als Baustellengruß, so ist der LKW-Fahrer schon deutlich professioneller. LKW-Fahrer nehmen meist nicht einmal Notiz von einer Baustelle und schauen auch bei einer Fahrbahnverengung nur selten von Ihren Pornos auf.

Fahr gut: Ist das wirklich noch so?

Hans Dampf: War es früher noch die Praline oder die Blitz-Illu, so wird heute schon meist auf Tablets, Handys oder anderen Medien dem Verkehr gefolgt.

Fahr gut: Ich kann mir vorstellen, dass auch im Winterdienst nicht jeder Kfz-Fahrer erfreut ist, wenn Sie mit Ihren Streumaschinen langsam vorweg fahren.

Hans Dampf: Das ist richtig. Es gibt immer wieder Autofahrer, die unseren Schneepflug überholen, um dann in der nächsten Schneewehe festzustecken. Hier lassen wir uns dazu herab auch mal mit nur einem Finger zu grüßen.

Fahr gut: Vielen Dank für das Gespräch. Wir hoffen, Sie bleiben der Autobahnmeisterei noch lange erhalten.

Stuhlmanufaktur
Justin Time

Hauptlieferant der JVA Rödinghausen:

Bei uns sitzen Sie richtig!

Kleinanzeige:
Beamter im Ruhestand (49 Jahre alt) sucht
gleichgesinnte für entspannte Treffen.
Kostenübernahme nur gegen Quittung!

Wohnung zu vermieten
3Zi,Wfl.80qm,Bj76,MFH,DG,AB,EBK,WC,DB,BHKW,N
K100,BLK,CP&PP,FBH,HMS,KM500,KR,L,Lam.,NR,Chi
ffre(unbekannt)

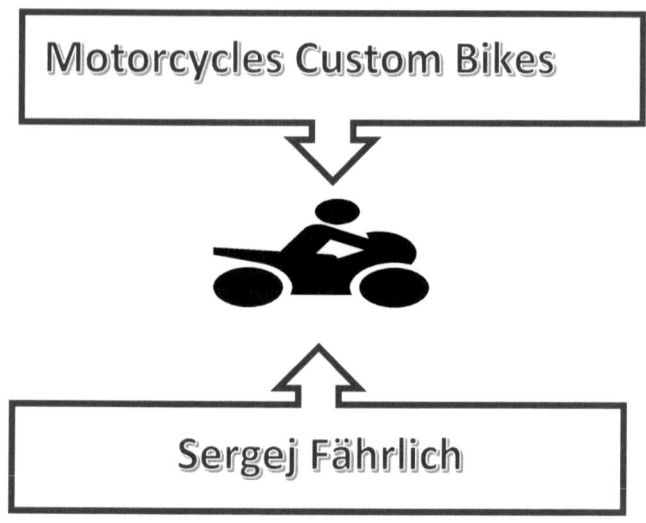

Motorcycles Custom Bikes

Sergej Fährlich

Hardcore Bikes für harte Biker. (Kinder ab 6 Jahren fahren kostenlos eine Runde bei uns auf den Dangerous Pocket Bikes.)

Alle Bikes sind handmade mit dem IKEA-Multitool zusammengesetzt! Geeignet auch für DIY-Fachleute.

Steel-Klingel am Chrome-Lenker ist Sonderzubehör!

Erst wenn´s hinten raucht, geht´s vorne richtig ab!

Aus gesundheitlichen Gründen servieren wir nur noch entkoffeinierten Kaffee aus zertifiziertem Bioanbau mit Bohnen aus der Dritten Welt. Verschifft mit der Star-Dust-Line auf Frachtschiffen mit Hybridantrieb. Klimakleber wellcome!

 **Weingut Rainer Wein**

Spitzenweine von der Hunte, dem nördlichsten experimentellen Weinanbaugebiet Deutschlands.

Aufgrund von Zusätzen (wir danken der Nord-Zucker GmbH) können wir einen süß schmeckenden Wein kredenzen.

Aus der gleichen Traube stellen wir auch ein mit Essig vergleichbares Elixier her, welches bei uns den Marketingnamen „Polarwein" erhalten hat.

Durch die geographische Lage unserer Weinberge ist garantiert, dass die Sonne keinen Traubenbrand verursachen kann. Stattdessen werden unsere Trauben regelmäßig durch Niederschläge von Parasiten gereinigt.

Gleichzeitig stellen wir auch seit mehreren Jahren die Norddeutsche Weinkönigin (weil meine Tochter auch die einzige Bewerberin ist).

Unsere Weine können kostengünstig in ausgewählten Weinboutiquen (nur bei uns am Hof) erworben werden. Gerne beraten wir Sie.

Kräuter aus Holland von Peter Sillje

für die Küche oder die Kippe

Im niederländischen Zwolle hat sich der Kräuterhändler Peter Sillje niedergelassen und versucht nun ein Kräuterimperium im Tulpen- und Käsestaat zu etablieren. Unsere Reporterin Frau H.B. Hunger konnte mit Herrn Peter Sillje ein Interview zum Thema Kräuteranbau führen:

H.B. Hunger: Herr Sillje, warum gerade Kräuter in den Niederlanden?

Peter Sillje: Nun, da meine Nachbarn bereits über mehrere Gewächshäuser verfügen, wollte ich auch mal im Glashaus sitzen und mit feiner Erde,

Pflanzenschutzmitteln und Unmengen an Wasser mein eigenes, nachhaltiges Business eröffnen.

H.B. Hunger: Aber warum gerade Kräuter?

Peter Sillje: Anfangs wollte ich die Löcher aus unserem leckeren Gouda verkaufen. Jedoch merkte ich bald, dass es hier Verkaufsschwierigkeiten gab, die meine potentiellen Kunden abschreckte. Mit Kräutern fahre ich in den Niederlanden recht gut. Entweder man kann Sie frisch auf dem Wochenmarkt verkaufen oder getrocknet in irgendwelchen Coffeeshops.

H.B. Hunger: Coffeeshops?

Peter Sillje: Ja, meine Landsleute rauchen so ziemlich alles weg, was irgendwie gehackt in eine Filtertüte passt.

H.B. Hunger: Und wie soll es weitergehen?

Peter Sillje: Ich möchte nun auch den europäischen Markt erobern. Leider ist die Akzeptanz noch nicht in allen Ländern sowie hier gegeben.

H.B. Hunger: Auf welche Kräuter möchten Sie sich denn spezialisieren?

Peter Sillje: Ach da bin ich recht flexibel. Ich sage immer Hauptsache grün und ein stechender Geruch. Das passt auch auf meine Erntehelfer der letzten Generation.

H.B. Hunger: Sie haben schon soweit expandiert, dass Sie bereits Erntehelfer benötigen?

Peter Sillje: Eigentlich nicht, aber die saßen da regungslos auf der Straße und da habe ich die einfach mal so mitgenommen. Ich sage Ihnen, das war nicht ganz einfach, so fest die auf der Straße klebten. Aber letztendlich waren sie doch recht froh, dass Sie bei mir ein paar Kräuter lutschen und rauchen konnten. Darum sind sie bis heute da.

H.B. Hunger: Vielen Dank für das Gespräch. Nun lassen Sie mir doch auch noch schnell eine Tüte da, die ich vor der Heimfahrt noch rauchen kann.

Peter Sillje: Ich wusste gar nicht, dass Sie auch rauchen.

H.B. Hunger: Ich rauche, ich klebe und ich kämpfe fürs Klima. Zufrieden?

Peter Sillje: Alles gut, aber noch mehr Erntehelfer brauche ich nicht mehr.

Blasorchester
Wilma Ruhe

Blasen bis der Arzt kommt.
Ruhezeiten sind Schikane!
Nicht auf die Noten kommt es
an. Je lauter, desto besser!

Ihr Partyclown zum buchen:

Ernst Lustig

*30.02.1965 – lebt noch!

Die Kinder lieben ihn und er liebt
die Kinder – Auch Erwachsene
dürfen mal lachen!

Hunde-Kampfsport-Verein

Rechts der Elbe n.e.V.

Hast du einen Hund? Möchtest du ihn zu einer richtigen Kampfmaschine ausbilden lassen? Dann komm zu uns!

Wir richten auch deinen Apollo zu einem dominanten Kämpfer ab. In unserer Arena kann dein Racker bis zum letzten Biss zeigen was er kann.

Vergiss nicht deine Wette zu platzieren!

Leider wurde uns die Gemeinnützigkeit des Vereins aus unerfindlichen Gründen aberkannt. Derzeit wird der Verein von unserem 16. Vorstand geführt, da die anderen Vorstände ebenfalls aus nicht nachvollziehbaren Gründen in Haft sitzen.

Kleinanzeige:
Suche Kampfhund zum Tausch gegen meinen Chihuahua Sissy. Bitte nur verdeckte Bissspuren. Gerne auch abgerichtet. Sissy kann Männchen machen!

Normal !!!
Die Tank- & Rastanlage

Benzin, Diesel, Gas und andere Flüssigkeiten für Ihr Auto. Außerdem Schnitzel, Brat- und Currywurst für den Kraftfahrer. Hörspiele, Kuscheltiere und Süßkram für die kleinen Mitfahrer und Ohrringe, Lippenstift und die neuste Klatschpresse für die Frau Gemahlin. Auch Bello findet bei uns eine Wasserschale.
(Bitte keine Schwiegermütter angebunden zurücklassen!)

Bei uns finden Sie wirklich alles für unterwegs.

Derzeit nur mit Verspätung über die Bahngleise der deutschen Bahn zu erreichen. Die Anbindung an das deutsche Straßennetz wird in den nächsten 5 Jahren erwartet. Geländegängige Fahrzeuge und Traktoren haben jetzt bereits die Möglichkeit unsere Tank- & Rastanlage zu besuchen.

Wir freuen uns auf Sie!

Bitte nur mit sauberen Schuhen betreten.

Brauereigaststätte

Zum lahmenden Hirsch

Seit 1755

Seit vielen Generationen bieten wir Ihnen gut bürgerliche Speisen und ein selbstgebrautes Bier für die Vollkommenheit des Daseins.

Durch unseren selbstbewussten Küchenchef bieten wir Ihnen die außergewöhnlichsten Speisen basierend auf Originalrezepten vergangener Tage.

Für den unnachahmlichen Biergeschmack haben wir seit einigen Jahren einen neuen Weg beschritten. Wir die Brauerei Güllebräu wird Ihnen demonstrieren, dass die Kuh mehr als Milch und Schnitzel kann.

Ausgewählte regionale Produkte zeichnen uns aus. Ob Bäcker, Jäger oder die örtliche Polizei decken uns mit den raffiniertesten Delikatessen ein, die wir für Sie in unserer Küche veredeln.

Kein Korn wird vergebens geerntet, kein Jäger muss einen Fehlschuss bereuen und kein Wildunfall bleibt unausgenutzt. Suchen Sie sich Ihre Getränke und Speisen von unserer Karte aus.

Getränke:

Wasser 0,5 l ....2,50 €
(Direkt aus unserer hauseigenen Friedhofsquelle)

Bio-Limonade 0,5 l ....3,50 €
(Strenger Geruch, natürliches Aroma direkt vom Rindvieh!)

Verschiedene Tee-Sorten ....3,50 €
(Nachweislich durch Kinderhände in Kambodscha gepflückt.)

Güllebräu - Das Starke 0,5 l ....5,00 €
(Starker Geschmack, naturtrüb, Direktausbeute)

Güllebräu - Das Zarte 0,5 l ....5,00 €
(Etwas mit Wasser gestreckt, gefiltert)

Güllebräu – Das Original 0,5 l ....5,00 €
(Das braune Original, unbehandelt direkt aus der Kuh)

Speisen:

Kehrausbrote ....5,00 €
(Vom Boden recyceltes Mehr, durchaus chrunchy im Biss)

Russische Eier ....10,00 €
(Restbestände aus den 40er Jahren des letzten Jahrhunderts)

Schlachtplatte für 2 Personen ....20,00 €
(Je nach Saison und Jagdglück)

Fuchsmedallions an Wildjus ....20,00 €
(Anlieferung direkt nach Unfall durch die Ordnungskräfte)

Für die Kleinen:

Pommes Schranke ....5,00 €
(Kartoffeln vom Unfall am Bahnübergang vom letzten Jahr)

Entengeschnetzeltes ....10,00 €
(Erlegt durch unseren Hasso im Feuerlöschteich)

Unser Küchenteam wünscht guten Appetit.
(Die Apotheke bei Magenverstimmungen befindet sich auf der anderen Straßenseite)

Theaterstadel Boring

Heute im Programm für Jung und Altgebliebene

Eine Boring-Exklusiv-Produktion

Mit jungen Nachwuchstalenten (an der Kasse)

Premiere:

Die große Leere

Sehen Sie 120 Minuten lang großes Theater auf der Bühne nämlich 2 Stunden lang – NICHTS

Die große Leere – Das größte Theaterevent des Jahrzehnts! Nicht verpassen!

Karten nur an der Abendkasse und nicht im Vorverkauf!

ILT

Internationale Locher & Tacker Messe

NAMENHAFTE AUSSTELLER AUS DER
LOCHER- UND TACKERBRANCHE
STELLEN IHRE NEUSTEN GERÄTE AUS.
LASSEN AUCH SIE SICH LOCHEN UND
TACKERN!!!

Kleinanzeige:

Jährlich verunglücken zahlreiche junge Frauen im Straßenverkehr, da Sie Ihre betrunkenen Männer nicht ans Steuer lassen. Eine Initiative der Interessengemeinschaft „Männer müssen fahren".

(Wird nicht durch die Staatsgewalt unterstützt)

Trinkgut Wasser

Bestes Mineralwasser für den großen Durst!

Geschöpft aus unserer hauseigenen Mineralwasserquelle Friedhofsglück!

Wasser aus geringen Tiefen gefiltert durch natürliche Erden.

Die Quelle Friedhofsglück zeichnet sich durch ein naturtrübes Wasser aus, welches in wenigen Tagen durch die Böden unseres Gemeindefriedhofs gefiltert wurde.

Leicht bekömmlich und gut gegen den Durst!

Sie erhalten unser Mineralwasser auch in der Brauereigaststätte „Zum lahmenden Hirsch". Ärzte und Apotheken in unmittelbarer Nähe.

Eheberatung Finn Ahl-Erschluß

Die Fachzeitung „Regenbogenpress" führte für Ihre treuen Leser ein Interview mit der Eheberatung Finn Ahl-Erschluß. Herr Ahl-Erschuß stand auch unbequemen Fragen Rede und Antwort.

Regenbogenpress: Herr Ahl-Erschluß, Sie haben in Ihrer Laufbahn als Eheberater bestimmt schon vielen Paaren wieder geholfen in die Spur zu finden. Was ist Ihr Erfolgsgeheimnis?

Finn Ahl-Erschluß: Grundsätzlich muss ich sagen, dass jedes Paar anders ist und andere Probleme hat. Vielen Paaren ist bereits geholfen, wenn ich Ihnen meine Honorar-Rechnung vorlege und sie somit ein Thema gefunden haben, über das sich beide Ehepartner gemeinsam aufregen können.

Regenbogenpress: Bekommen Sie denn auch eine direkte Resonanz von diesen Paaren mitgeteilt?

Finn Ahl-Erschluß: Mitgeteilt? Ja, mitunter auch durchschlagende Argumente. Andere Paare übersenden mir auch Postkarten aus ihren jeweiligen Urlaubsorten.

Regenbogenpress: Das bedeutet, dass nicht jedes Paar nach einem Besuch bei Ihnen wieder zusammenfindet?

Finn Ahl-Erschluß: Nein, diese Quote wäre zu optimistisch. Verstehen Sie, ich muss ja auch dafür sorgen, dass mein Einkommen gesichert ist. Aus diesem Grund wird nach einer Sitzung noch nichts erledigt sein.

Regenbogenpress: Wie müssen wir uns eine Sitzung bei Ihnen vorstellen?

Finn Ahl-Erschluß: Als erstes setzen viele Leute dem Irrglauben auf, dass eine Stunde 60 Minuten hat. Bei mir sind es nur 45 Minuten. Um diese Zeit auch zu füllen, habe ich mir mehrere Spielchen ausgedacht. Zuerst bestehe ich immer auf einer Vorstellungsrunde, in der sich die Partner mir und auch gegenseitig vorstellen. Mit allen Rückfragen habe ich somit schon die Hälfte der Zeit verplempert – äh ich meine wissenschaftlich genutzt.

Regenbogenpress: Und dann? Wie wollen Sie ein Paar wieder zueinanderfinden lassen?

Finn Ahl-Erschluß: Schauen Sie, ich selber bin bereits 4x geschieden und lebe auch gerade eben wieder in Scheidung. Ich spreche aus Erfahrung und kann die selbstgemachten Fehler so besser transportieren.

Regenbogenpress: Welche Fehler meinen Sie denn?

Finn Ahl-Erschluß: Ich sollte mir für meinen Teil zum Beispiel angewöhnen für meine Liebschaften nicht immer das heimische Ehebett zu benutzen und etwaige Hotelrechnungen nicht immer mit der Kreditkarte meiner jeweiligen Frau zu bezahlen. Auch ist es hilfreich, wenn man für Frau und Freundin den gleichen Kosenamen verwendet.

Regenbogenpress: Wenn wir das so hören, wäre es da nicht vielleicht sinnvoller, wenn Sie eine Scheidungsberatung initiieren?

Finn Ahl-Erschluß: Sie liegen in der Tat richtig. Ich habe bereits ein Zweitgewerbe mit dem Namen „Finn Ahl-Erschluß – Der finale Schluss für jede Beziehung" in Vorbereitung.

Regenbogenpress: Wir wünschen Ihnen dabei viel Erfolg.

Kleinanzeige:
Tierheim „Toter Hund" - Wir arbeiten eng mit der örtlichen Großmetzgerei zusammen.

Auch vom Autor erschienen:

Campingfieber
Wünderling, Marc
9,99 € Buch, 182 Seiten

Verlag: BoD.de
ISBN: 9783757817930

Überall, wo es Bücher
gibt oder direkt unter:
www.wuenderling.com

Beschreibung:

Unterhaltsame Geschichten rund um das Thema
Camping. Es werden verschiedenste Anekdoten und
erlebte Geschichten erzählt, in denen sich der ein
oder andere Camper sicherlich auch wieder erkennen
wird. Auch Nicht-Camper werden durch die 15
Geschichten unterhalten, die in diesem Buch
enthalten sind.
Das Buch „Campingfieber" ist der Nachfolger des
Buches „Camping für Alle", welches noch als nicht
ernstgemeinter Campingratgeber im typischen
kurzweiligen Stil des Autors geschrieben ist.

Camping für Alle
Wünderling, Marc
6,99 € Buch, 100 Seiten

Verlag Twentysix.de
ISBN: 978-3-7407-7091-4

Überall, wo es Bücher gibt
oder direkt unter:
www.wuenderling.com

Beschreibung:

Von den Arten des Campings bis zu den Individuen, die sich auf Campingplätzen tummeln. Alle möglichen Spezifikationen werden genaustens unter die Lupe genommen und durch den Kakao gezogen.

Ein literarisches Manifest für alle Campingfreunde oder die, welche es noch werden wollen.

Die Fachzeitung „Camping, Cars und Caravans" schrieb in Ihrer Ausgabe Mai 2021 als Buchtipp:

„Ein kurzweiliger, nicht ernstgemeinter Ratgeber für Campingfreunde. Auch alte Hasen finden sich vielleicht in der einen oder anderen Anekdote wieder. Der Autor erklärt Camping stets mit einem Schuss bissigem Humor und beantwortet Fragen aus dem alltäglichen Camperglück. Wer das Thema bierernst nimmt, ist für die Lektüre ungeeignet, denn Wünderling spielt mit fast jedem gängigen Klischee und hält so manchem Spiegel der Erkenntnis hoch."

Abenteuer Fahrradtour

Untertitel: Mit dem Fahrrad unterwegs an deutschen Flüssen
Autor: Wünderling, Marc

Medium: Buch, E-Book
Buch-ISBN: 9783740772703
E-Book-ISBN: 9783740741686
Ladenpreis (Buch): 11,99 EUR

Beschreibung:

Aufgrund einer dummen Wette bin ich in die Verlegenheit gekommen mit dem Fahrrad vom Bodensee nach Rotterdam zu radeln. Da ich so ziemlich überhaupt nicht fit war, bedurfte es eines harten Trainings, welches mir die Durchführung der Tour ermöglichen sollte. Nachdem der Rhein bezwungen war, warteten noch weitere Flüsse auf mich.

Dieses Buch beinhaltet die spaßig geschriebenen Berichte über meine Abenteuer an deutschen Flüssen, die ich größtenteils alleine abradelte.

Bestellbar überall, wo es Bücher gibt oder direkt auf www.wuenderling.com

Sponsoren:
Wie bei jedem meiner Bücher konnte ich auch
dieses Mal wieder zahlungsverweigernde Sponsoren
finden, die mich finanziell überhaupt nicht
unterstützt haben. Trotzdem möchte ich mich
aufgrund der dadurch gefundenen Inspiration bei
diesen zweifelhaften Unternehmen bedanken.

Güllebräu GmbH – Die Kuh kann mehr als Milch und
Schnitzel!!!

Brauereigaststätte „Zum lahmenden Hirsch" –
Essen und Trinken wie man es sonst nirgends findet!

Trinkgut Wasser – Bestes Mineralwasser aus der
Friedhofsquelle.

Danke schön:
*Und das ist wohl der einzige ernstgemeinte Satz in
diesem Buch:*
Ich möchte mich bei meiner Familie und der
Uniklinik Tübingen für die Unterstützung während
meiner Leukämie-Erkrankung bedanken.